GIANLUCA LACONI

FISCALITÀ ONLINE

Idee e Consigli Pratici Per Lanciare Un Business Online Di Successo Senza Commettere Errori

Titolo

"FISCALITÀ ONLINE"

Autore

Gianluca Laconi

Editore

Bruno Editore

Sito internet

http://www.brunoeditore.it

Sommario

Introduzione   pag. 5

Cap. 1: Come sfruttare le potenzialità dell'e-commerce   pag. 8

Cap. 2: Come focalizzare la tua idea di business   pag. 18

Cap. 3: Come scoprire che imprenditore sei   pag. 24

Cap. 4: I principi della fiscalità diretta   pag. 42

Cap. 5: I principi della fiscalità indiretta   pag. 58

Cap. 6: Come emettere le fatture in maniera corretta   pag. 78

Cap. 7: Come lanciare il tuo business senza errori   pag. 93

Conclusione   pag. 107

Introduzione

Voglio cominciare questo volume mettendo nero su bianco chi sono, cosa faccio e, soprattutto, perché ho deciso di avventurami nella scrittura di questo libro. Parto dal principio, e mi scuserai se non userò un linguaggio erudito, ma è proprio questo il mio scopo: lasciare dei messaggi nel modo più semplice ed efficace.

Tu che leggi devi soprattutto comprendere; odio chi scrive e non si fa capire! Sono Gianluca Laconi, e sono un Dottore Commercialista. Faccio questa professione da più di 20 anni, il mio mestiere sicuramente non è dei più amati ma, come in qualsiasi altro mestiere, cerco di aiutare i miei clienti a districarsi nel difficile e complicato panorama fiscale. Ed è proprio grazie a loro che ho intrapreso questo "viaggio". Il libro, infatti, nasce dalla voglia di poter dare a tutti, addetti ai lavori e non, una guida fruibile, pratica e facile su come intraprendere il commercio elettronico.

Perché il commercio elettronico? Perché è il futuro, perché ormai i mercati tradizionali stanno diventando superati, oltre al fatto che creano numerosi ostacoli per chi vuol far diventare la propria idea, o il proprio sogno, un business.

A chi mi voglio rivolgere? A tutti! Ai giovani pieni di energia con tanta voglia di fare, con tantissime idee, ma che, troppo spesso, non hanno o non trovano un supporto e una guida su come sviluppare un business online. E agli imprenditori visionari che magari hanno già un'azienda, ma vogliono uscire dal vortice della crisi o realizzare qualcosa di completamente nuovo. Infine, anche agli imprenditori che vogliono trovare nuovi mercati e nuovi modi per farsi conoscere o semplicemente sbaragliare i concorrenti.

Caro lettore, ti chiederai da subito: «Sì ma lei, dottore, cosa ci guadagna?» La risposta è: nulla. Penso che, se ai miei tempi, invece di nascondersi dietro delle parole difficili e complicate, qualcuno mi avesse dato le chiavi di accesso per capire come sfruttare al meglio la mia idea imprenditoriale, sicuramente avrei risparmiato tante energie, avrei avuto meno preoccupazioni la sera prima di andare a dormire (e non dirmi che a te non capita mai) e di certo sarei stato più coraggioso.

Spero di non averti annoiato e di non essermi dilungato troppo. Ti lascio alla lettura di questa guida facile, utile e tascabile, che non guasta mai.

Buona lettura.
Gianluca Laconi

Capitolo 1:
Come sfruttare le potenzialità dell'e-commerce

C'era una volta... il commercio nel Medioevo!

Giorgio, un imprenditore, mi disse: «Internet, i social, il web sono cose da ragazzini, sono bolle di sapone destinate a scoppiare al sole». «Certo», risposi, «infatti Bill, Steve, Mark o Jeff sono degli imbecilli». Lui non capì e continuò per la sua strada e con la sua idea di fare impresa e, poco a poco, licenziò prima uno, poi due, poi quasi tutti i dipendenti, imprecando contro la "crisi", l'euro, i cinesi, le borse mondiali, il cambiamento climatico e Saturno contro.

Cosa ci insegna Giorgio? Che in economia non esistono posizioni dominanti in eterno. Puoi essere il re del mercato, ma quel mercato, senza che te ne accorga, è già cambiato, si sta già riposizionando, perché il mercato è fatto di persone che scelgono e quelle persone vengono influenzate da un'infinità di variabili. Devi avere fiuto, una mente aperta, devi essere un sognatore, ma scientifico.

Ora proviamo a rovesciare questa mia tesi e osserviamola da un'altra prospettiva. Il mercato non è mai definito, genera sempre delle opportunità, si rinnova in continuazione, quindi è possibile intraprendere un'attività e avere successo. Hai un'idea? Ti sei impegnato molto, non hai dormito la notte per capire come poter fare e sei convinto che riuscirai ad avere successo?

Allora partiamo insieme, cercherò di aiutarti, mettendoti a disposizione tutto quello che conosco e che so fare, a realizzare il tuo sogno di diventare imprenditore. Spero che mi scuserai se a volte diventerò un po' tecnico, d'altronde l'argomento non è semplice.

Cosa è il commercio elettronico?

Nella Comunicazione della Commissione Europea COM (97) 157 del 15 aprile 1997, è riportata la seguente definizione: «Il commercio elettronico consiste nello svolgimento di attività commerciali per via elettronica. Basato sull'elaborazione e la trasmissione di dati (tra cui testo, suoni e immagini video) per via elettronica, esso comprende attività disparate quali: commercializzazione di merci e servizi per via elettronica;

distribuzione online di contenuti digitali; effettuazione per via elettronica di operazioni quali trasferimenti di fondi, compravendita di azioni, emissione di polizze di carico, vendite all'asta, progettazione e ingegneria in cooperazione; online sourcing; appalti pubblici per via elettronica, vendita diretta al consumatore e servizi post-vendita. Il commercio elettronico comprende prodotti (ad es. prodotti di consumo, apparecchiature specialistiche per il settore sanitario), servizi (ad es. servizi di informazione, servizi giuridici e finanziari), attività di tipo tradizionale (ad es. l'assistenza sanitaria e l'istruzione) e di nuovo tipo (ad es. "centri commerciali virtuali")».

Quindi il commercio elettronico è una qualsiasi attività commerciale svolta attraverso il mezzo di comunicazione internet. Questa nuova modalità comprende varie attività: dalla commercializzazione di beni e servizi, alla distribuzione di contenuti digitali. Oggi, grazie a internet, chiunque, utilizzando il proprio computer, può "fare impresa", e io cercherò di darti alcune nozioni che potrebbero esserti utili qualora tu volessi tirare fuori il tuo sogno dal cassetto e diventare imprenditore.

Tutto quello che c'è da sapere sulle caratteristiche e sui vantaggi della vendita online

Negli ultimi anni, il commercio elettronico è stato protagonista di una crescita esponenziale grazie all'utilizzo di internet, il mezzo di comunicazione che offre una vasta gamma di beni e servizi tale da generare flussi costanti di compratori. A oggi sono diversi gli imprenditori che sfruttano la rete per promuovere, pubblicizzare e vendere i propri prodotti, e questo perché è il cliente ad avere cambiato il proprio modo di acquistare.

Oggi, con la diffusione di internet, il cliente è passato dall'essere un consumatore tradizionale, e quindi essere vincolato a orari predefiniti per raggiungere fisicamente il punto vendita di interesse, all'essere un cosiddetto "cyber consumatore", ovvero un soggetto che diventa informatore e selezionatore in rete di prodotti che si appresta ad acquistare non avendo con questi ultimi un rapporto fisico.

Nel paragrafo precedente ti ho parlato di vantaggi sia per i consumatori finali sia per i clienti, e ora voglio mostrarteli:

Consumatore	Imprenditore
• velocità; ampiezza della scelta e personalizzazione del servizio; • riduzione di prezzi e pagamenti effettuati on-line • offerta di prodotti e servizi innovativi.	• presenza all'interno del mercato globale; • maggiore competitività • nuove opportunità di business

Come vedrai in seguito, questa guida ha lo scopo di delineare il quadro normativo in cui si inseriscono le operazioni di commercio elettronico, per poi focalizzare l'attenzione su quelli che sono i risvolti fiscali, con particolare riferimento alle imposte indirette, quale ad esempio l'IVA.

Diverse forme di commercio elettronico

Il commercio elettronico può essere classificato in relazione alle diverse categorie di soggetti che partecipano alla transazione e alla natura dei beni oggetto della transazione. Esaminiamo insieme come si identifica il commercio elettronico in base alla diversità dei soggetti:

1. Il Business to Business (o B2B) è il commercio elettronico tra imprese che utilizzano la rete per vendere i propri prodotti (ad

esempio quando compri su Amazon un computer per la tua azienda).

2. Il Business to Consumer (o B2C) è la forma di commercio elettronico nota a qualunque soggetto in quanto, all'interno della trattativa, è coinvolto il consumatore finale (la signora Franca che ordina la spesa su Amazon).

3. Il Consumer to Consumer (o C2C) è il sistema di trattative elettroniche che si instaura tra i consumatori finali (ad esempio le vendite tra privati su eBay).

Vediamo ora come si differenzia il commercio elettronico in base alla tipologia dei prodotti oggetto della transazione.

Commercio elettronico indiretto

È il commercio elettronico dei beni materiali nel quale la cessione dei beni avviene in via telematica, mentre la consegna avviene attraverso canali fisici. È il caso del venditore che mette a disposizione, all'interno del proprio sito web, un catalogo di prodotti specificandone le caratteristiche, i prezzi e i termini di consegna.

In questo caso il cliente effettuerà l'ordine attraverso la rete, ma la consegna del bene avverrà tramite canali fisici. Un esempio è rappresentato da Amazon, azienda che si trova all'apice del successo perché ha sfruttato questa forma di commercio elettronico. In questo caso il cliente cerca direttamente il prodotto desiderato sul sito web, ordina la merce online e acquista. In un secondo momento, il prodotto gli verrà consegnato direttamente a casa.

Commercio elettronico diretto

È il commercio elettronico dei beni immateriali in cui sia la cessione, sia la consegna dei beni sono effettuate in via telematica attraverso la fornitura di prodotti virtuali intangibili. È il caso degli acquisti di brani musicali, software, filmati, libri digitalizzati e videocorsi.

Riepiloghiamo

Come avrai notato, le varie transazioni su internet hanno delle differenze: la prima differenza è basata sulle persone che vi partecipano, mentre la seconda è riconducibile alla tipologia dei beni acquistati/venduti. Non si tratta di differenze banali, perché da esse deriveranno diversi trattamenti fiscali.

Ora facciamo un gioco. Supponiamo che il commercio elettronico sia il party dell'anno a cui tu sei stato invitato e ti senti felicissimo di andarci. Speri di incontrare la tua anima gemella, i vecchi amici o, semplicemente, hai voglia di fare nuove conoscenze.

La prima cosa che andrai a verificare è se sia previsto un *dress code*. Se sì, dovrai cercare nel tuo guardaroba se hai ciò che ti serve, altrimenti dovrai acquistare qualcosa. Ma se un *dress code* non è previsto, non ti preoccuperai? Non credo! Sicuramente sarai ossessionato su cosa sia più opportuno indossare. Insomma, non vuoi fare brutte figure al party e quindi farai di tutto per andarci in gran forma, il che ti farà sentire a tuo agio e, di conseguenza, apprezzare appieno la festa.

Hai capito il senso del gioco? Il commercio elettronico è il party, mentre il vestito con cui andarci è la forma giuridica di cui ammantare la tua idea imprenditoriale. Pertanto, scegliere bene il vestito è di fondamentale importanza, perché ti farà sentire a tuo agio e potrai esprimerti al tuo massimo.

Adesso ti svelo il segreto del gioco appena fatto. Forse non hai pensato che, se vorrai andare al party vestito adeguatamente, dovrai prima capire di che party si tratta. Ad esempio, è una festa a tema? Dovrai informarti e capire a che festa stai andando e solo dopo potrai acquistare l'abbigliamento adatto.

Riconducendo il tutto alla tua futura impresa da creare, la cosa veramente importante è focalizzare il tuo sogno, la tua idea e attuarla creando una sequenza di processi che porti alla nascita della tua impresa.

Nel prossimo capitolo cercherò di aiutarti a individuare al meglio le possibilità della tua idea non lasciando nulla al caso.

Capitolo 2:
Come focalizzare la tua idea di business

Cerchiamo di fare il punto

Sei o sarai un imprenditore che ha delle idee e queste idee vanno sviluppate. È bellissimo avere un sogno da realizzare, avere voglia di cambiare la propria vita, non essere più dipendente e realizzare un futuro nuovo.

La cosa fondamentale è avere un'idea imprenditoriale. Come potrà la tua idea fornire vantaggi agli altri? Devi capire come questa idea si può trasformare in una nuova iniziativa di impresa e come farà questa iniziativa a diventare un business. Questi elementi dovranno servirti da traccia per comprendere come la tua idea possa trasformarsi in un business di successo.

È importante fare questa analisi perché è da qui che potrai capire se, nascosti nella tua idea, ci siano dei "bug" che vanno risolti in anticipo e non successivamente, perché avrebbero un impatto enorme in termini di dispendio sia di energie sia di denaro. Quindi, attraverso un'analisi, dovrai prevedere in anticipo cosa accadrà una volta che la tua impresa sarà sul mercato.

Ma devi capire anche un'altra cosa molto importante: in quale mercato si andrà a collocare la tua idea? E quali sono i tuoi competitor diretti e futuri? Conoscere il tuo mercato di riferimento è fondamentale per capirne le peculiarità, le problematiche e le possibilità di sviluppo.

Devi procedere con un'analisi di questo mercato valutando le possibilità di crescita futura, così non ti ritroverai con brutte sorprese da dover affrontare in seguito.

Verifica, poi, la fattibilità della tua idea con la matematica. In una fase avanzata di sviluppo del tuo modello di impresa è molto importante iniziare a valutare la fattibilità dei "numeri".

Con un semplice modello di Business Plan, potrai verificare la sostenibilità del tuo piano, scoprire di che ammontare di flussi finanziari necessiti e, infine, determinare il tuo Break Even Point, ovvero il punto (ma anche il momento), nella crescita dei tuoi profitti, in cui con il fatturato sarai in grado di coprire i costi. Ergo, da quel momento in poi la tua attività genererà utili.

Pillole di gergo economico

Alcuni termini vengono spesso fraintesi; a me personalmente capita di frequente di ascoltare discorsi in cui si cita la parola "fatturato", mentre in realtà si vuole intendere "utile". Sono due cose completamente differenti! I ricavi, le entrate, il fatturato non sono la stessa cosa; può capitare che abbiano lo stesso valore economico, ma non sono la stessa cosa. Nella normalità dei casi si usano impropriamente per intendere quelle che sono le vendite effettuate in un certo anno.

Poi ci sono i costi, le uscite o le spese, più facili da identificare: in sostanza sono tutti i costi sostenuti in un certo anno per poter generare dei ricavi. La differenza tra questi due macro elementi che compongono il conto economico di un bilancio è l'*utile*, che è il "vero guadagno" di una qualsiasi attività.

Ti ricordo che in ogni momento potrai farti coadiuvare da un professionista che ti aiuterà a fare una valutazione/analisi del tuo progetto, perché ogni tua idea imprenditoriale è una ricchezza e non va sprecata in nessun modo. Focalizzare la tua idea, in questo caso, consiste fondamentalmente nell'analizzare il tuo futuro business in ogni suo momento di sviluppo.

Troppo spesso alcuni imprenditori, per troppa fretta, superficialità, o semplicemente per supponenza, vedono la loro idea naufragare. Per fretta, superficialità o arroganza, un imprenditore si potrebbe ritrovare nella situazione che la sua impresa non "decolli", cioè che non riesca ad arrivare al punto di pareggio BEP, e che quindi rimanga in perdita. Questo imprenditore si troverà davanti a un bivio: investire altro denaro per rilanciarla, oppure chiudere e/o vendere.

Nella prima ipotesi spenderà altro denaro, nella seconda realizzerà una perdita. Certo, anche pensarci troppo e attendere molto tempo può far sì che tu perda lo stimolo; magari la tua è un'idea nuova e aver atteso eccessivamente può farle perdere la forza innovativa che la contraddistingueva.

Questo libro non vuole in nessun modo complicarti le cose o rendere difficile quanto hai in testa. Al contrario, con questo libro voglio aiutare te e tutti coloro che hanno voglia di fare, che coltivano da anni un sogno nel cassetto o che semplicemente vogliono crescere.

Qui troverai tante informazioni utili per avere un quadro chiaro di tutto ciò che ti serve per trasformare un sogno in realtà.

Naturalmente prevedere nel libro tutte le possibili incognite e problematiche è impossibile. Le variabili sono infinite, perché infinite sono le possibilità di impresa che offre il commercio elettronico. Ogni giorno puoi scoprire nuovi settori in sviluppo o addirittura inventare tu una nuova nicchia di mercato, scoprendo, così, che le variabili sono ancora più infinite. Ma non voglio drammatizzare, penso che sia proprio questa leggera tensione/rischio a generare la fantasia imprenditoriale.

L'ausilio di un professionista è fondamentale in tutti gli step di sviluppo della tua idea, quindi non ti preoccupare e continua a sognare. Hai capito che tipo di festa sarà? Adesso che hai compreso

23

dov'è la festa, qual è il tema e quali invitati ci saranno, devi solo capire con quale vestito andarci.

Capitolo 3:

Come scoprire che imprenditore sei

Cosa mi metto stasera?

Dicevamo, devi andare a una festa e non sai qual è il *dress code*? Rifletti un po' su quale potrebbe essere l'abbigliamento giusto da indossare, dopo di che ti rechi ad acquistarlo.

Analogamente, prima di intraprendere la tua attività chiederai consiglio/consulenza a un commercialista che studierà la tua situazione e ti illustrerà il modo più conveniente per svilupparla.

Ti troverai a dover decidere la forma giuridica della tua futura attività, che potrà essere svolta in una delle seguenti forme giuridiche:

- Ditta individuale.
- Società di persone.
- Società di capitali.

Non sto assolutamente dicendo che non esistano altre forme, ma ho preferito concentrare l'attenzione su queste tre perché sono le principali, le più utilizzate e, a mio parere, le più appropriate per il commercio elettronico. Andiamo brevemente nello specifico di ognuna e vediamone le principali caratteristiche, rammentando sempre che la preventiva consulenza di un professionista è consigliabile prima di iniziare una qualsiasi attività.

Ditta individuale

Si tratta di quella che viene comunemente chiamata Partita IVA. Puoi aprirla se sei un professionista, un artigiano o un commerciante, gli adempimenti variano al variare della tipologia di attività che andrai a svolgere. Vediamo prima alcuni cenni tecnici.

Per definizione, una ditta è un'entità creata allo scopo di costituire un'impresa che, a sua volta, secondo l'art. 2082 del Codice civile, rappresenta un'«attività economica professionalmente organizzata al fine della produzione o dello scambio di beni o servizi».

L'impresa individuale integra la forma giuridica più semplice e meno onerosa per lo svolgimento di un'attività a scopo di lucro non essendo richiesti, ai fini della costituzione, particolari adempimenti e non essendo previsto il conferimento di quote o azioni in una quantità minima iniziale.

L'imprenditore che sceglie di costituire una ditta individuale gestisce la sua attività in piena autonomia e:

- non è previsto un capitale minimo obbligatorio iniziale;
- non è richiesta alcuna formalità per la costituzione dell'impresa (non è necessario ricorrere al notaio per la stipula di un atto costitutivo);
- l'imprenditore non è tenuto alla predisposizione e al deposito del bilancio annuale;
- si potrà accedere a forme di tenuta della contabilità più semplici, quali, ad esempio, la contabilità semplificata o il regime forfettario.

Il rischio prevalente da considerare per l'imprenditore che avvia un'impresa individuale è di natura patrimoniale: l'imprenditore sarà illimitatamente responsabile nei confronti dei terzi creditori e risponde con tutto il suo patrimonio personale dei debiti contratti dall'impresa. Ci troviamo di fronte a un caso di autonomia patrimoniale imperfetta.

Società di persone

Devo confessare che, nella mia carriera professionale, non ho quasi mai consigliato a un imprenditore di costituire una società di persone, ma in questo libro voglio darti le informazioni necessarie per formarti una tua idea, quindi l'ho compresa tra quelle possibili.

Le società di persone sono:

- Le società semplici (Ss);
- Le società in nome collettivo (Snc);
- Le società in accomandita semplice (Sas)

Le società di persone si distinguono dalle società di capitali in quanto non hanno personalità giuridica, per cui sono anche dette "società ad autonomia patrimoniale imperfetta". Ciò significa che i soci rispondono delle obbligazioni sociali con il loro patrimonio personale e in via solidale. Le società semplici non si utilizzano quasi mai, se non in casi rari.

Società in accomandita semplice

Tipo societario che ha la caratteristica di avere due categorie di soci, gli accomandatari e gli accomandanti:

- I soci accomandatari rispondono illimitatamente e solidalmente delle obbligazioni sociali e possono essere nominati amministratori della Sas

- I soci accomandanti rispondono delle obbligazioni sociali limitatamente all'ammontare del conferimento effettuato e non possono amministrare la Sas.

Le quote di partecipazione nella società in accomandita semplice non possono essere costituite da azioni.

Società in nome collettivo

La società in nome collettivo ha le stesse caratteristiche della società in accomandita semplice, la sola differenza è che ha invece una sola tipologia di soci i quali hanno pari diritti e doveri rispetto alle obbligazioni societarie.

Società di capitali

Le società di capitali si distinguono dalle società di persone per un tratto molto importante: *il capitale apportato nell'azienda prevale rispetto alla presenza dei soci.* La società risponde delle sue obbligazioni con i suoi beni, mentre la responsabilità giuridica dei soci è limitata alla quota da ciascuno conferita come *capitale di rischio.*

Le società di capitali si dividono a loro volta in: *società per azioni, società a responsabilità limitata e società in accomandita per azioni.*

La società per azioni (Spa)

La società per azioni è una società di capitali *con personalità giuridica* le cui vicende sono, quindi, del tutto indipendenti da quelle dei soci. La società risponde dei propri debiti unicamente con il patrimonio e i soci, se la società è in perdita o fallisce, perdono solo il conferimento con il quale hanno acquistato azioni della società (la qualità di socio si acquisisce, infatti, mediante l'acquisto di azioni).

La partecipazione dei soci alla vita della società è di natura prevalentemente economica nel senso che, se la società è in attivo, ai soci vengono distribuiti utili; essi, però, non amministrano la società, né possono prendere diretta conoscenza della documentazione relativa all'attività di amministrazione. Per questo, e poiché le vicende delle grandi SpA coinvolgono un elevato numero di soci-risparmiatori, la legge detta alcune norme a tutela del capitale e della veridicità dei bilanci sociali, dato che la possibilità da parte della società di pagare i propri debiti risiede solo nel capitale e nella solidità del patrimonio, del quale la contabilità sociale deve essere specchio fedele.

La legge richiede che la società sia costituita per atto pubblico (art. 2328 c.c.). L'*atto costitutivo* deve indicare: a) le generalità dei soci fondatori e degli eventuali promotori; b) la denominazione della società e la sua sede, nonché l'indicazione delle eventuali sedi secondarie; c) l'oggetto sociale, cioè l'attività che sarà svolta dalla società; d) l'ammontare del capitale sottoscritto e versato (che per legge non può essere inferiore a 100.000 euro); e) il numero delle azioni e il loro valore nominale (l'azione è infatti una frazione del capitale, che indica l'ammontare della partecipazione del socio al capitale stesso); f) il valore dei crediti e dei beni conferiti in natura; g) le regole per la ripartizione degli utili dell'attività sociale; h) la partecipazione agli utili eventualmente accordata ai promotori e ai soci fondatori; i) il numero degli amministratori e dei sindaci, indicando quali tra gli amministratori hanno la rappresentanza; l) la durata della società; m) le spese approssimativamente necessarie per la costituzione della società e la sua durata.

Redatto l'atto costitutivo e lo *statuto* (il Codice civile dispone, all'art. 2328 comma 2, che lo statuto in cui sono contenute le norme relative al funzionamento della società, anche qualora costituisca un atto separato, si consideri parte integrante dell'atto costitutivo cui deve essere allegato), i soci fondatori devono richiedere *l'omologazione del tribunale*, il quale a tal fine controlla che i soci si siano impegnati a versare l'intero capitale (capitale sottoscritto) e che abbiano già versato presso una banca, a nome della società, almeno i tre decimi di tale capitale. Controlla altresì che sussistano tutte le autorizzazioni governative necessarie per svolgere l'attività sociale (art. 2329).

Verificato l'adempimento di tutte le condizioni stabilite dalla legge, il tribunale ordina l'iscrizione della società presso il Registro delle Imprese: da quel momento *la società acquista la personalità giuridica*, e dunque la piena operatività di soggetto dotato di autonomia patrimoniale. Per le operazioni effettuate prima dell'iscrizione sono responsabili verso i terzi, illimitatamente e solidalmente, i soggetti che hanno agito (art. 2331, comma 2), e la stessa norma (comma 3) dispone la nullità dell'emissione e della vendita delle azioni effettuate prima dell'iscrizione della società.

Gli *organi* della società per azioni sono essenzialmente tre: l'assemblea, il Consiglio di Amministrazione (o l'Amministratore Unico) (artt. 2380-2396) e il Collegio Sindacale. *L'assemblea è l'organo collegiale cui compete la funzione deliberativa.* Consiste nella riunione dei soci, che avviene nei modi stabiliti dalla legge, al fine di deliberare sugli argomenti sottoposti al suo esame.

In base all'oggetto della deliberazione si distingue tra: a) assemblea ordinaria, convocata almeno una volta l'anno per approvare il bilancio; b) assemblea straordinaria, che delibera su argomenti di particolare importanza per la società. Il *Consiglio di Amministrazione (o l'Amministratore Unico) è responsabile dell'attività di gestione.*

L'atto costitutivo o l'assemblea determinano l'estensione del potere di rappresentanza degli amministratori; in ogni caso, le limitazioni del potere di rappresentanza non possono essere opposte al terzo che in buona fede abbia stipulato un contratto con la società (si pensi al caso in cui gli amministratori, per espressa previsione statutaria, non possano alienare gli immobili sociali: se un terzo acquista l'immobile da un amministratore, il suo acquisto è ritenuto valido, a meno di non provare che il terzo ha intenzionalmente agito in danno della società). Gli amministratori (e i direttori generali) rispondono in prima persona dei danni causati dalla loro malaccorta gestione: essi sono responsabili verso la società in quanto tale, considerata come soggetto autonomo, verso i creditori sociali e verso i singoli soci.

Il *Collegio Sindacale è l'organo di controllo della società*; essendo nominato dall'assemblea ne è espressione, esattamente come il Consiglio di Amministrazione, sul quale ha il dovere di vigilare: tale circostanza priva, di fatto, di rilevante efficacia la natura del controllo del collegio. Il D.Lgs. 58/1998 ha modificato la disciplina del collegio sindacale delle società quotate, riservando a esso il controllo della gestione, del rispetto della legge e dell'atto costitutivo e affidando il controllo sulla contabilità a società di revisione esterne.

Dovendo la società fare affidamento solo sulla consistenza del proprio patrimonio per far fronte alle proprie obbligazioni, gli amministratori hanno il dovere, quando risulta che il capitale è diminuito di oltre un terzo in conseguenza di perdite, di convocare l'assemblea, sottoponendole una relazione sulla situazione patrimoniale della società. Se entro l'esercizio economico successivo la perdita non risulta diminuita di almeno un terzo, l'assemblea che approva il bilancio deve *ridurre il capitale in misura corrispondente alle perdite accertate* (se rifiuta di farlo, la riduzione è disposta dal tribunale).

Se, però, la perdita fa scendere il capitale al di sotto del limite minimo legale, l'assemblea deve obbligatoriamente deliberare un aumento di capitale (almeno fino al minimo legale di 100.000 euro) oppure deliberare la trasformazione della società in una struttura societaria con capitale minimo legale inferiore (per esempio la Srl).

Tra i doveri degli amministratori rientra quello della redazione del bilancio di esercizio e del conto economico corredato da un'adeguata relazione al termine di ogni esercizio economico annuale, da sottoporre all'assemblea perché li approvi, letta la relazione dei sindaci sullo stesso oggetto. Segue la pubblicazione del bilancio presso l'Ufficio del Registro delle Imprese.

La società in accomandita per azioni (Sapa)

La società in accomandita per azioni (Sapa), modellata sostanzialmente sulla società per azioni, è caratterizzata però dalla presenza delle due categorie di soci. Come nella Sas, gli *accomandatari* sono necessariamente amministratori (art. 2465), ed è richiesto il loro consenso per ogni modifica dell'atto costitutivo (art. 2470): tale preminenza nella gestione sociale è dovuta al fatto che rispondono solidalmente e illimitatamente per le obbligazioni sociali (pur avendo la società personalità giuridica).

Gli *accomandanti*, invece, devono solo effettuare i conferimenti cui si sono obbligati all'atto della sottoscrizione delle azioni (art. 2462): le quote di partecipazione di tutti i soci sono rappresentate da azioni. Questo tipo sociale non ha goduto di grande diffusione. Le società in accomandita per azioni vengono talvolta usate come holding familiari in cui i membri più importanti della famiglia sono soci accomandatari.

La Società a responsabilità limitata (Srl)
La società a responsabilità limitata è una società di capitali strutturata essenzialmente come una società per azioni, con alcune importanti differenze.

Le quote di partecipazione dei soci, sono rappresentate da quote; per le obbligazioni sociali risponde solamente la società con il proprio patrimonio (art. 2472 c.c.); il capitale minimo della società è di 10.000 euro (art. 2474 c.c.); il nuovo testo dell'art. 2488 c.c. dispone l'obbligatorietà della nomina del collegio sindacale nel caso in cui il capitale sociale non sia inferiore a 100.000 euro e se è stabilita nell'atto costitutivo o se per due esercizi successivi sono stati superati due dei limiti indicati nel primo comma dell'art. 2435 bis; ogni socio ha diritto ad aver notizia dello svolgimento degli affari sociali (art. 2489) e le assemblee sono convocate con lettera raccomandata a tutti i soci (art. 2484).

In genere, questo tipo di società è utilizzato dalle imprese di piccole dimensioni, nelle quali i soci vogliono comunque rischiare solo il loro conferimento.

La Società a responsabilità limitata unipersonale

In attuazione di una direttiva comunitaria europea, è stata introdotta nel nostro ordinamento la Società a responsabilità limitata unipersonale. Tale società può essere costituita con atto unilaterale e può perciò avere sin dall'inizio un unico socio. Se è una persona fisica, purché non socia di altra società di capitali, l'unico socio può fruire del beneficio della limitazione di responsabilità.

A tutela dei terzi, tale caratteristica è concessa alle seguenti condizioni: a) che le generalità dell'unico socio siano rese pubbliche mediante l'iscrizione nel Registro delle Imprese; b) che i conferimenti in denaro dell'unico socio debbano essere interamente versati in sede sia di costituzione sia di aumento del capitale sociale. Inoltre, egli è sempre solo creditore chirografaro della società.

Le società a responsabilità limitata semplificata

Il nostro legislatore ha introdotto il nuovo articolo 2463 bis c.c. che istituisce la fattispecie della società a responsabilità limitata semplificata con l'obiettivo di favorire l'accesso soprattutto dei giovani all'esercizio dell'attività di impresa. Nelle intenzioni iniziali del legislatore la possibilità di accedere alla società a responsabilità limitata semplificata era infatti riservata soltanto alle persone fisiche di età inferiore ai 35 anni.

La società a responsabilità limitata semplificata è dunque preclusa – perlomeno nella fase di costituzione della società – alle persone giuridiche, quali società, associazioni o consorzi. Il "nuovo" tipo di società è inoltre soggetto a un regime particolarmente agevolato sia con riferimento all'ammontare del capitale sociale necessario per la sua costituzione sia per le formalità di accesso che sono meno onerose rispetto ai costi da sostenere per fare ricorso alla "tradizionale" forma della società a responsabilità limitata.

L'articolo 2463 bis, comma 2, n. 3, c.c. prevede che l'ammontare del capitale sociale della Srls non solo debba essere pari ad euro 1,00 e inferiore all'importo di euro 10.000,00 (cioè la soglia è compresa tra euro 1 ed euro 9.999,99), ma deve essere altresì interamente versato e sottoscritto alla data della costituzione della società. È altresì necessario che nell'atto costitutivo della società venga indicata la quota di partecipazione al capitale di ciascun socio, così come previsto dal combinato disposto ex art. 2463 bis, comma 2, n. 4, c.c. e dall'art. 2463 comma 2, n. 6, c.c.

La norma prescrive inoltre che i conferimenti debbano essere fatti in denaro ed essere versati all'organo amministrativo. A differenza di quanto avviene per la Srl "ordinaria", per la Srls i conferimenti in natura non sono consentiti. È inoltre prescritto che il versamento del capitale iniziale venga eseguito nelle mani di coloro che sono nominati amministratori della società e non in una banca come comunemente avviene per la Srl "ordinaria".

Si ritiene altresì ammissibile che nell'atto costitutivo della Srls siano indicati i mezzi di pagamento impiegati per il versamento del capitale iniziale nelle mani degli amministratori, così come previsto per la Srl "ordinaria" a norma dell'art. 2464, comma 4, c.c.

L'amministrazione della Srls può essere affidata sia ai soci sia anche a soggetti terzi. L'art. 2463 bis c.c. non ha peraltro fornito alcuna indicazione prescrittiva in merito all'eventualità o meno di affidare l'amministrazione della Srls anche a soggetti diversi dalle persone fisiche. Nel silenzio della norma, appare consentito che l'amministrazione della società possa essere conferita anche a una persona giuridica.

Forse la lettura delle ultime pagine ti ha un po' confuso le idee, ma non ti preoccupare, questo libro serve a renderti consapevole del fatto che, se non vuoi approfondire, potrai sempre rivolgerti a un professionista del settore (notaio/commercialista/avvocato).

È ovvio che se vorrai iniziare una nuova attività nessuno ti chiederà mai di sostituirti a un notaio, a un avvocato o a un commercialista, ma conoscere le norme di riferimento ha perlomeno due vantaggi:

- Sarai a conoscenza delle principali norme, il che ti farà rapportare ai consulenti in maniera più preparata. Potrai valutare i loro consigli e semmai anche riconoscere chi non fa al caso tuo.
- Inoltre, nella trasformazione della tua idea in un'attività di successo non potrai fare a meno della conoscenza di quanto presente in questo libro. La differenza tra tu che stai leggendo questo volume e una qualsiasi altra persona che non lo leggerà è che tu avrai imparato tutto quello che ti servirà per muovere i

primi passi nella creazione di un'impresa.

Nei successivi capitoli, ti illustrerò quella che è la normativa fiscale distinguendola tra fiscalità diretta e fiscalità indiretta.

Capitolo 4:
I principi della fiscalità diretta

Come ho accennato precedentemente, quello che ti propongo in questo e nei prossimi capitoli è una mini-guida su un ambito molto particolare e su certi punti anche ostico, oltre che fortemente dinamico: il tema della fiscalità.

Ebbene sì, non possiamo pensare di intraprendere un'avventura senza conoscere, almeno in linea generale, quello che avviene nell'ambito dei rapporti con il fisco.

La fiscalità è abbastanza complicata e ci coinvolge come persone e come imprenditori, non solo nell'ambito diretto dei nostri profitti o, nel caso di una società, in quello degli utili, ma anche nell'ambito indiretto, andando a colpire le transazioni che si effettuano.

Data la vastità della materia, ho deciso di trattare il tema della fiscalità diretta separatamente da quello della fiscalità indiretta.

Pertanto cominciamo dal principio, andando a rispondere a diversi quesiti: Cos'è la fiscalità diretta? Come opera? Che succede nel commercio elettronico?

La fiscalità diretta coinvolge le imposte sui redditi prodotti dalle persone fisiche e dalle società. Le maggiori difficoltà riguardano il come individuare in quale nazione sia stato prodotto il reddito. La fiscalità diretta, in sostanza, sono le imposte che pagherai sul reddito che hai prodotto.

Che cos'è un'imposta? L'imposta è un tributo, ovvero un prelievo coattivo di ricchezza effettuato dallo Stato per sostenere la spesa pubblica. Da non confondere con la tassa, che invece è la controprestazione a un servizio reso dallo Stato o da un Ente Pubblico. Con le imposte finanzi la spesa pubblica in generale, mentre con la tassa paghi in tutto o in parte un servizio reso dallo Stato. Starai pensando che questi due termini vengono spesso usati impropriamente o analogamente, e hai ragione, infatti proprio per questo ho ritenuto di fare questa digressione, affinché per te sia tutto più chiaro.

Tornando alle tue future imposte aggiungo quali sono:

- IRPEF: imposta sul reddito delle persone fisiche.

- IRES: imposta sul reddito delle persone giuridiche

- IRAP: imposta regionale sulle attività produttive.

Non mi dilungo perché ovviamente ce ne sono altre, ma queste devi sicuramente conoscerle, in quanto sono le principali imposte a cui verrà assoggettato il tuo reddito. Nel settore del commercio elettronico, le dimensioni a livello geografico così come intese fino a qualche anno fa devono essere abbandonate. Oggi in un attimo ti è possibile entrare in contatto con realtà lontane migliaia di chilometri con un semplice click, senza immaginare che ogni realtà soggiace a leggi e regolamenti diversi in base al paese.

Il problema fondamentale è individuare chi è il soggetto che opera con mezzi informatici e le operazioni che esso pone in essere. Accanto a questo si aggiungono i problemi più tipici di carattere fiscale che riguardano:

- la residenza del soggetto che opera nelle transazioni;

- l'esistenza di una stabile organizzazione;

- la maggiore possibilità di evasione fiscale;

- la corretta valutazione dei prezzi di trasferimento;
- l'assoggettabilità dei beni virtuali alle royalties;
- il crescente fenomeno della disintermediazione.

Ora ti spiegherò quali sono gli aspetti più delicati e problematici di questa nuova tipologia di business e, per farlo, ti dirò intanto cosa si intende per stabile organizzazione.

Stabile organizzazione

L'individuazione della stabile organizzazione in un determinato territorio è basilare per la corretta tassazione del reddito prodotto dai vari operatori. Il reddito che deriva dalle transazioni che avvengono nel commercio elettronico è un reddito generato da un soggetto residente in uno stato diverso da quello nel quale il reddito si manifesta.

Il maggiore problema che possiamo trovare in un tipo di attività come questa è che, per qualche ragione, un reddito possa essere tassato due volte. Ciò significa, nel gergo più comune, pagare le tasse per quel reddito non una volta, che è già abbastanza, ma ben due volte. Per evitare questa doppia tassazione, sia in ambito nazionale sia in ambito internazionale, i diversi paesi hanno cercato di dare una chiave di lettura utilizzando come strumento, appunto, la stabile organizzazione.

Per stabile organizzazione si intende l'esistenza, in un determinato luogo, di una *sede fissa* di affari, attraverso cui l'impresa *svolge in tutto o in parte* la sua attività. Per sede di affari si intende ogni luogo, attrezzatura o installazione usati per lo svolgimento dell'attività di impresa. Deve essere fissa, cioè sita in un determinato luogo, e l'impresa, tramite essa, deve svolgere in tutto o in parte la sua attività in quello Stato.

Partendo da questi elementi essenziali, risulta molto difficile utilizzare questi principi nel commercio elettronico e, più in particolare, nel commercio elettronico diretto, in quanto quest'ultimo permette a un soggetto non residente di concludere operazioni con soggetti residenti senza dover entrare fisicamente nello Stato.

Ti chiederai perché vi siano maggiori difficoltà nel commercio elettronico diretto che in quello indiretto. Perché nel commercio elettronico diretto parliamo di transazioni immateriali dove vi è uno scambio di servizi e non di un bene realmente tangibile, e la transazione avviene in via esclusivamente telematica; in quello indiretto, invece, ciò che viene scambiato è un bene tangibile.

Nel commercio elettronico diretto risulta fondamentale capire quando siamo di fronte a una stabile organizzazione. Quindi, per identificare questa stabile organizzazione, devi farti una domanda: la presenza di un *sito web* o di un *server* in un determinato paese può essere considerata una stabile organizzazione e, in quanto tale, generare in capo al titolare del negozio virtuale delle conseguenze fiscali? Per poter rispondere a questa domanda, devi conoscere le definizioni di sito web, server e internet provider.

Il *server* è un macchinario, o comunque un'entità materiale, sito in un determinato luogo e può essere considerato una sede di affari per la società che lo utilizza. Viene *considerato come una stabile organizzazione* per la sua natura di apparecchiatura automatica stabilmente localizzata in un dato luogo che dà ospitalità al sito.

Il *sito* è invece un software, non un bene materiale, e non può configurarsi come una sede fissa d'affari; pertanto *non è considerato stabile organizzazione.*

Accanto a questi va aggiunto l'*Internet Service Provider (ISP)*, cioè l'azienda che fornisce alle diverse imprese gli accessi a internet, realizzando su un server vari siti web. Esso non rappresenta stabile organizzazione quando si pone nei confronti dell'impresa come un agente indipendente, non agisce in nome della stessa e non è autorizzato a concludere contratti in suo nome.

A livello comunitario era prevista l'esclusione della stabile organizzazione nel commercio elettronico solo quando l'operatore non residente avesse avuto, in uno Stato comunitario, la disponibilità di un semplice sito web e non anche la disponibilità di un server.

Per una tua maggiore comprensione e facilità di acquisizione di informazioni, ti riassumo di seguito quello che hai appena letto.

Stabile organizzazione	SI	NO
Sito web		X
Isp agente indipendente		X
Isp-se agisce in nome dell'impresa	X	
Web site hosting		X
Server svolge solo attività ausiliaria		X
Server svolge attività primaria	X	

Localizzazione del reddito

Tutto quello ciò che hai letto fin qui sulla stabile organizzazione è di estrema importanza per l'identificazione del soggetto e del reddito che esso produce e su come potrà essere tassato. Una volta individuata la stabile organizzazione, a essa vanno imputati gli utili come se fosse un'impresa distinta e separata e possono essere scomputate le spese direttamente connesse all'attività della stabile organizzazione.

Per rendere chiaro il concetto, ti faccio un esempio. Ipotizziamo che tu costituisca una società in Italia, ma che la tua attività si svolga anche in altri paesi dell'Unione Europea, così che in ogni Stato in cui la tua società produce un reddito tu abbia delle imposte da pagare. La tua società è costituita in Italia e questo per il fisco italiano basta per tassarti interamente il reddito prodotto; però anche gli altri Stati UE vorrebbero che pagassi le imposte per quanto prodotto in ciascuno di essi... che fare?

Potresti pensare di aprire nei principali Stati dove produci più reddito una stabile organizzazione che, nella pratica, sarà una società a sé stante con la residenza in quel paese e pagherà le imposte su quei redditi in modo del tutto staccato dalla società che si trova in Italia. Così eviti una doppia imposizione sullo stesso reddito.

Leggendo questo esempio ti starai chiedendo: ma che si intende per residenza fiscale? La residenza fiscale è quando un soggetto persona fisica è per la maggior parte del periodo di imposta iscritta all'anagrafe del territorio di residenza, quando ha nel territorio dello Stato il domicilio o la residenza ai sensi del Codice civile.

Devi sapere che, nell'ambito del commercio elettronico, diventa difficile individuare la residenza fiscale, ma anche se è difficile non è impossibile. Basta che tu prenda in considerazione questi tre elementi:

- la sede amministrativa;

- la sede legale;

- il luogo di effettivo svolgimento dell'attività.

L'identificazione chiara di questi elementi presuppone il riconoscimento dell'identità dei soggetti coinvolti nelle transazioni online, cosa difficile considerando l'anonimato delle transazioni online. *I tre elementi però sono tra loro alternativi, quindi è sufficiente l'esistenza di uno di essi perché ci sia la residenza fiscale in uno Stato piuttosto che in un altro.*

Sai che in questi ultimi anni stiamo assistendo a un fenomeno nuovo? Ci sono alcuni Stati che stanno cercando di creare delle specifiche agevolazioni fiscali a quelle imprese straniere che vogliono aprire dei siti o delle strutture di e-commerce presso di loro.

È il cosiddetto fenomeno *e-shore* che viene a verificarsi in quei paesi a fiscalità privilegiata; ecco perché, come descritto nell'esempio che ti ho fatto prima, l'esistenza o meno della stabile organizzazione in un determinato paese può essere utilizzata dall'impresa per una pianificazione fiscale internazionale con localizzazione della stessa in paesi di particolare interesse. Ovvero a una minore imposizione fiscale.

Il transfert price

Sebbene sia un argomento di nicchia, ti può capitare di dover affrontare il problema del trasfert price nella determinazione del reddito della tua società madre con le figlie sparse in altri Stati. Ovvero i rapporti che ci sono tra imprese dello stesso gruppo e i problemi che riguardano il cosiddetto transfert price tra l'impresa reale e la sede virtuale della stessa. Ma cos'è il transfert price? E perché potrebbe interessarti?

Il transfert price ha un ruolo molto importante nel commercio internazionale tradizionale, ma riveste un ruolo ancora più importante nel commercio elettronico. Per spiegarti in modo semplice e pratico cosa si intende per transfert price, mi ricollego all'esempio di prima.

La tua società italiana ha aperto delle stabili organizzazioni in Germania e in Francia e, nonostante lavorino in modo autonomo, le stabili organizzazioni sono sotto il controllo giuridico e sostanziale della società italiana. Ciò vuol dire che le due società estere hanno un rapporto diretto con la società italiana che possiamo identificare come un rapporto madre-figlia: la società italiana è la madre e le due società estere sono le figlie.

La società madre, ovviamente, può scambiare con le società figlie estere dei beni o dei servizi, come con qualunque società presente sul mercato. Il punto focale però è il prezzo, nel senso che il prezzo per quel servizio o quel bene praticato tra madre-figlia o figlia-figlia potrebbe essere più basso rispetto a quello praticato nei confronti di imprese esterne al gruppo. Il transfert price si identifica come il prezzo praticato negli scambi commerciali all'interno dei gruppi.

Quindi dove è il problema? Il problema è che in tempi passati molto spesso, per pagare meno tasse, all'interno dei gruppi societari venivano applicati dei prezzi più bassi rispetto a quelli che sarebbero stati applicati a una società esterna al gruppo. Si trattava dunque di un modo, per le società, di "scaricare" utili in paesi a più bassa tassazione.

54

Per evitare questo proliferare di fenomeni cosiddetti elusivi nei confronti del fisco, si sono creati dei metodi per verificare che le transazioni tra i gruppi societari siano uguali a quelle extra gruppo.

Per la determinazione del prezzo di trasferimento sono stati introdotti tre metodi tradizionali e due alternativi. Potresti avere la sensazione che in questo momento sia molto prematuro conoscere questo argomento ma, come futuro imprenditore, sono sicuro che ti sarà utile e che accrescerà la tua capacità imprenditoriale.

Ti riassumo questi metodi sinteticamente nella tabella riassuntiva e pratica qui di seguito.

Nonostante la presenza di questi metodi, non è sempre possibile nel mercato determinare il prezzo di trasferimento, pertanto si parlerà di valore normale del bene o servizio oggetto di transazione, che indica il prezzo o il corrispettivo che viene mediamente praticato su beni o servizi della stessa categoria o similari, in condizione di libera concorrenza di mercato.

Il fenomeno della disintermediazione

Da ultimo non puoi tralasciare un fenomeno che si sta manifestando negli ultimi tempi, ossia quello della disintermediazione. Questo fenomeno è strettamente legato alle caratteristiche peculiari delle transazioni che avvengono online. Accanto a questa nuova forma di commercio, si assiste alla riduzione del numero dei soggetti operanti come intermediari nelle transazioni e qualificabili come sostituti di imposta.

Quello che si sta manifestando nell'ambito del commercio elettronico è la scomparsa della figura dell'intermediario nelle fasi della mediazione e della conclusione del contratto. Se questo da un lato può essere visto in modo positivo, perché si ha una riduzione dei costi per i consumatori, dall'altro comporta riflessi negativi in merito alla riscossione delle imposte, in termini di efficienza e di semplicità dell'attività da parte dell'amministrazione finanziaria.

La conseguenza è che, anche se si vengono a creare delle transazioni più facili, la mancanza di intermediari, e quindi di maggiori operatori nella filiera delle vendite, fa sì che gli adempimenti ricadano inevitabilmente sui soli operatori dell'operazione. Qualora ci siano degli operatori che non sono debitamente informati degli obblighi correlati, potrebbero trovarsi nella situazione di evadere o eludere senza volerlo, determinando il pagamento dei tributi in misura inferiore. Di fronte a questo problema mi auguro che le autorità fiscali trovino nel breve periodo soluzioni alternative per ovviare alla diminuzione dei sostituti di imposta nel commercio online.

Quanto ti ho detto fin qui è una panoramica della fiscalità diretta nel commercio elettronico diretto e indiretto. Nel commercio elettronico indiretto è molto semplice individuare la stabile organizzazione, quindi il paese dove verrà tassato il reddito, per il semplice fatto che abbiamo sempre un bene fisico nelle transazioni online. Diverso è invece il caso del commercio elettronico diretto, dove si ha semplicemente un bene digitalizzato, cosa che rende più complicato individuare la stabile organizzazione.

Capitolo 5:
I principi della fiscalità indiretta

Continuiamo il viaggio alla scoperta della fiscalità indiretta all'interno del commercio elettronico tenendo sempre a mente la distinzione tra commercio elettronico diretto e commercio elettronico indiretto.

Ricorda che, nell'ambito del commercio elettronico indiretto, facciamo riferimento a uno scambio che nasce online ma che si realizza con il ricevimento del bene fisico, mentre nel commercio elettronico diretto la transazione nasce online e si conclude online senza coinvolgere nessun bene materiale visibile.

Infatti, come hai potuto notare, nella fiscalità diretta risulta molto difficile l'applicazione delle regole tributarie in questo ambito, e innumerevoli difficoltà esistono quando parliamo della fiscalità indiretta, ovvero del tributo per eccellenza, odiato e amato dalla maggior parte di coloro che svolgono un'attività di impresa:

l'imposta sul valore aggiunto, comunemente conosciuta come IVA.

Ti dico subito che fra le imposte indirette non esiste solo l'IVA, ma in questo caso è sicuramente quella che avrà l'impatto maggiore sul tuo business. Anche nell'ambito dell'applicazione dell'IVA, sarà più semplice determinare le regole connesse al commercio elettronico indiretto, mentre sarà molto più complicato identificare e applicare in modo corretto le regole dell'IVA all'ambito del commercio elettronico diretto.

La crescita di tale mercato si sta sviluppando in modo esponenziale ma ciò deve essere accompagnato da un quadro normativo chiaro e compatibile che non sia di ostacolo o di freno all'interessante e ormai necessaria espansione del commercio elettronico. Nonostante la difficoltà della materia, cercherò nel modo più chiaro e semplice di darti tutte le istruzioni per poterti districare nell'ambito delle imposte indirette e, nello specifico, dell'IVA.

Per farlo partirò da quelli che sono i punti e i principi fondamentali di questa imposta per farti immergere nel panorama fiscale del commercio elettronico. Senza dimenticare che può essere normativamente previsto, quindi legale, poter fare business online senza dover pagare l'IVA. Come? Te lo svelerò più avanti.

L'imposta sul valore aggiunto

L'imposta sul valore aggiunto, comunemente detta IVA, rappresenta una delle fonti di maggiori risorse per l'Unione Europea. È un'imposta plurifase che non colpisce ogni passaggio dello scambio, ma solo il valore aggiunto del bene o del servizio. È neutrale per tutti i soggetti passivi IVA, in quanto recuperano l'imposta sugli acquisti ottenendo un credito con cui si rivalgono sullo Stato per l'IVA dovuta sulle proprie vendite. Il consumatore finale è l'unico soggetto che rimane inciso dall'imposta.

I requisiti fondamentali dell'IVA sono tre:

- il presupposto soggettivo;
- il presupposto oggettivo;
- il presupposto territoriale.

I tre requisiti devono essere sempre presenti per parlare di un'operazione soggetta all'IVA, la mancanza di uno solo di essi comporta che l'operazione che si sta effettuando sia *esclusa dal campo IVA*. Di questi tre requisiti, quello che risulta più difficile da inquadrare è sicuramente il presupposto territoriale. Il requisito territoriale ti dice che un'operazione, per essere assoggettata a IVA, deve essere effettuata nel territorio dello Stato. Però bisogna fare attenzione, perché per le operazioni poste in essere tra paesi membri dell'Unione Europea vi sono delle apposite regole che prevedono la non applicabilità dell'IVA.

Per capire il requisito territoriale bisogna fare una distinzione tra cessioni di beni e prestazioni di servizi. Nell'ambito della cessione di beni bisogna dividere le tipologie di operazioni che vengono effettuate, nello specifico:

- *Operazioni nazionali (o anche interne)*. Sono quelle che vengono poste in essere nel territorio dello Stato (io nel Lazio vendo un bene a te nel Molise).
- *Operazioni intracomunitarie*. Sono quelle poste in essere fra due soggetti residenti nel territorio dell'Unione Europea (io in Italia vendo un bene a te in Spagna).
- *Operazioni extracomunitarie*. Sono quelle poste in essere tra un soggetto residente nell'Unione Europea e un soggetto residente

in un paese terzo. In questo ultimo caso si può parlare di *importazioni* ed *esportazioni* (tu residente in Italia vendi un bene a un soggetto residente a New York).

Inoltre, sempre nell'ambito della cessione dei beni, vanno distinti i beni mobili dai beni immobili.

- *Beni immobili.* La cessione è imponibile in Italia se risultano esistenti nel territorio dello Stato nel momento in cui la cessione viene effettuata.

- *Beni mobili.* La cessione si considera effettuata nel territorio dello Stato se al momento della vendita il bene si trova fisicamente nel territorio dello Stato.

Per le prestazioni di servizi, la regola generale vuole che, per identificare il requisito della territorialità, bisogna prendere come riferimento il luogo in cui risiede il committente. Questo nelle operazioni tra soggetti passivi IVA, mentre, nelle operazioni con i cosiddetti consumatori finali, il luogo è sempre quello di destinazione del servizio.

Ti faccio un riepilogo per avere più chiara la regola:

- *Prestazioni rese da soggetto passivo IVA a un altro soggetto passivo IVA (B2B)*. L'operazione è rilevante nel luogo del committente italiano e quindi soggetta IVA; se il committente non è residente, l'operazione è fuori dal campo di applicazione dell'IVA.

- *Prestazione rese da soggetto passivo a consumatore finale (B2C)*. Se il committente è nazionale o UE, l'operazione è sempre territorialmente rilevante in Italia; se il committente è extracomunitario, l'operazione è territorialmente non rilevante in Italia.

Certo, fin qui abbiamo appena accennato al presupposto territoriale ma, come ti ho detto nelle pagine precedenti, ne esistono altri due: quello oggettivo e quello soggettivo. Quindi la disamina appena fatta non ha valore definitivo perché poi, nella pratica, si andrà a sovrapporre agli altri due presupposti che, come avrai modo di leggere, hanno anch'essi delle loro regole specifiche.

L'IVA nel commercio elettronico

Internet, come sai, è uno strumento sempre più utilizzato per effettuare attività commerciali. Dopo questa breve premessa sui criteri generali dell'IVA, ti porto in quelli che sono gli aspetti di questa imposta all'interno del commercio elettronico.

Le operazioni di commercio elettronico hanno inizio con la scelta, da parte del cliente, della merce esposta nella vetrina della tua società e-commerce. Effettuata la scelta, il cliente stesso ti invia l'ordine e, contestualmente, provvede al pagamento con carta di credito, direttamente online, alla tua banca. A sua volta la banca, incassato il pagamento, trasmette l'ordine e il pagamento alla tua società venditrice. Pertanto tu provvederai a spedire al cliente la merce ordinata online.

In questa operazione, che rientra in quello che abbiamo definito ormai in tutti questi capitoli commercio elettronico indiretto, non troverai dei particolari problemi per la disciplina dell'IVA, dal momento che trovano applicazione i principi normativi relativi alle operazioni tradizionali, tant'è che queste transazioni possono essere assimilate a una vera e propria vendita a distanza. Il momento impositivo, ovvero quando nasce l'imposta e quindi la sua contestuale esigibilità, avviene all'atto del pagamento.

Le operazioni di commercio elettronico diretto hanno anch'esse inizio con la scelta del servizio dalla vetrina online e con il successivo pagamento ma, in questo caso, la tua società venditrice si occuperà di effettuare l'invio del bene acquistato direttamente online. Queste operazioni sono quelle che rientrano nella prestazione di servizi, pur avendo a oggetto la cessione di un bene cosiddetto virtuale.

Infatti, rispetto al commercio elettronico indiretto, in questo caso dovrai applicare la norma dell'art 7 septies del DPR 633/1972 che prevede che le cessioni a imprenditori di altri Stati membri non siano soggette a IVA, quindi potrai applicare un prezzo più basso e posizionarti in modo più concorrenziale rispetto ai competitor.

Hai capito bene? Potrai vendere i tuoi prodotti direttamente senza applicare nessuna maggiorazione di IVA. Ed è legale! Nei prossimi paragrafi affronterai nello specifico l'IVA nell'ambito del commercio elettronico indiretto e di quello diretto.

L'IVA e il commercio elettronico indiretto
Ti ho già anticipato nel paragrafo precedente che l'applicazione del

tributo nel commercio elettronico indiretto non presentava particolari problematiche, infatti in realtà si tratta di un modo con cui il cliente può ordinare un determinato bene a un suo fornitore, ma non cambia nulla rispetto alle operazioni diciamo tradizionali, in quanto i beni verranno consegnati materialmente, con mezzi di distribuzione convenzionali, e quindi si resta nella classica cessione di beni.

Questo è stato confermato in tempi non troppo lontani anche dalla stessa Agenzia delle Entrate che, in questo caso, considera internet un canale alternativo a quello tradizionale, ma che non può essere del tutto assimilato al vero e proprio e-commerce, ovvero il commercio elettronico diretto.

Bisogna però fare una precisazione perché, se per le vendite che avvengono sicuramente nel territorio italiano nulla cambia nel commercio elettronico indiretto rispetto alla vendita tradizionale (e si applicheranno comunque le norme generiche dell'IVA nazionale), nel commercio elettronico indiretto tra paesi membri le regole sono un po' diverse.

Ti stai per addentrare in quelle diverse casistiche che derivano dai tre presupposti dell'IVA. Infatti se chi vende il prodotto è soggetto UE e colui che acquista è un soggetto privato italiano, l'operazione viene considerata come una vendita tramite catalogo per corrispondenza, e pertanto viene disciplinata dall'art 40 del DL 331/93 che stabilisce che:

- L'imposta va applicata nello Stato di immissione al consumo dei beni, con l'obbligo per l'impresa di nominare un rappresentante fiscale, se le vendite superano dei limiti definiti che cambiano da Stato a Stato e che evidenzierò successivamente.

- L'imposta invece viene applicata nello Stato di origine se non si superano i limiti citati precedentemente.

La scelta sulla tassazione dello Stato di origine solo nel caso del superamento dei limiti è stata fatta proprio per evitare che le vendite si possano concentrare in paesi con bassa fiscalità e quindi con delle aliquote più basse.

Se invece il venditore è un soggetto UE e il compratore un soggetto italiano o di altro Stato UE, entrambi soggetti passivi IVA, si applicheranno le regole dell'articolo 38 del dl 331/93 secondo cui:

- Il venditore UE emette una fattura senza IVA perché l'operazione è considerata non imponibile.

- L'acquirente nazionale integra la fattura con l'aggiunta dell'IVA del proprio paese, registrando la fattura sia nel registro degli acquisti sia nel registro delle vendite in modo da rendere neutrale l'operazione ai fini dell'IVA, ma dovrà presentare un modello compilato, detto "Intrasat", all'Agenzia delle Entrate, che riporti i dati della fattura comunitaria.

L'ultimo caso si ha se il venditore è italiano ma l'acquirente è un soggetto privato UE. Dobbiamo sempre verificare che non si superino i limiti citati nel primo caso che abbiamo descritto, e pertanto:

- se le vendite non superano i limiti, l'imposta è dovuta in Italia e il venditore applica l'IVA italiana;

- se le vendite superano i limiti, la cessione viene tassata nel paese di destinazione, quindi del soggetto privato UE; pertanto il venditore dovrà provvedere a nominare un rappresentante fiscale in tale paese.

Se il venditore è un soggetto italiano e il compratore un soggetto

UE, entrambi soggetti passivi IVA:

- il venditore italiano emette una fattura senza IVA perché non imponibile;

- l'acquirente integra la sua fattura con l'IVA del proprio paese che annota su entrambi i registri e anche lui dovrà inviare il modello "Intrastat" con i dati della fattura proveniente dall'Italia.

Per praticità, inserisco la tabella con i limiti che abbiamo citato in precedenza per definire quando l'IVA viene applicata nel paese di origine e quando in quello di destinazione. I limiti si riferiscono alle vendite effettuate dal contribuente nell'anno solare precedente.

Stato Membro e limite per la vendita a distanza (valori in €):

1. Austria — € 100.000,00
2. Belgio — € 35.000,00
3. Cipro — € 34.220,00
4. Danimarca — € 37.528,00
5. Estonia — € 35.151,00
6. Finlandia — € 35.000,00
7. Francia — € 100.000,00
8. Germania — € 100.000,00
9. Gran Bretagna — € 109.598,00
10. Grecia — € 35.000,00
11. Irlanda — € 35.000,00
12. Italia — € 79.534,36
13. Lettonia — € 36.952,00
14. Lituania — € 36.207,00
15. Lussemburgo — € 100.000,00
16. Malta — € 35.000,00
17. Paesi Bassi — € 100.000,00
18. Polonia — € 35.000,00
19. Portogallo — € 31.424,00
20. Repubblica Ceca — € 35.000,00
21. Repubblica Slovacca — € 35.000,00
22. Slovenia — € 35.000,00
23. Spagna — € 35.000,00
24. Svezia — € 35.809,00
25. Ungheria — € 35.000,00

In conclusione, per le cessioni che avvengono con altri Stati membri per un importo inferiore a queste soglie, all'operatore nazionale si applica direttamente l'IVA italiana. Fai attenzione però al fatto che, se durante l'anno questa soglia viene superata, l'operatore, per le operazioni che avvengono successivamente al superamento di tale soglia, dovrà applicare l'IVA dello Stato di destinazione.

Come ti ho detto, le casistiche in cui tu, imprenditore del web, ti potresti ritrovare sono molteplici. È sempre bene, prima di iniziare la tua avventura imprenditoriale, farti consigliare da un professionista esperto nella materia; così eviterai di sbagliare la strategia di posizionamento sul mercato.

L'IVA nel commercio elettronico diretto

Come hai avuto modo di leggere all'inizio del capitolo, le transazioni che si effettuano completamente online sono quelle che destano maggiore interesse per le problematiche connesse alla tassazione indiretta.

Il trattamento dell'IVA nelle cessioni virtuali è ancora al centro di molte discussioni, sia a livello nazionale sia a livello internazionale. Le maggiori difficoltà derivano dal fatto che non vi è una normativa unitaria sull'applicazione dell'IVA e vi è un'eccessiva rigidità del sistema.

Il vero problema è che l'IVA è un'imposta che mal si coniuga con le esigenze in continuo mutamento dovute alla globalizzazione, per questo motivo l'IVA ha mostrato le maggiori carenze nello sviluppo del commercio elettronico, dove l'ambito di applicazione dell'imposta è governato ancora da regole insufficienti.

In ambito europeo, si è giunti a un accordo per armonizzare e innovare le regole nel settore del commercio elettronico, infatti, accanto a quelli che sono i punti fermi, sono stati allargati i criteri del luogo di tassazione, basandoli sul luogo in cui avviene il consumo del bene o sul luogo in cui avviene la fornitura del servizio.

Inserisco una tabella sulle regole che sono state aggiunte:

REGOLE DI BASE PER
IL COMMERCIO ELETTRONICO DIRETTO

Prima Regola	Le operazioni costituenti commercio elettronico diretto rappresentano ai fini iva prestazioni di servizi.
Seconda Regola	Le operazioni devono realizzarsi completamente per via telematica
Terza Regola	Le operazioni considerate sono sia quelle B2B che quelle B2C
Quarta Regola	Deve trattarsi di operazioni a titolo oneroso.

Come ti ho detto, l'e-commerce diretto è assimilato alle prestazioni di servizi con importanti riflessi sul presupposto territoriale, che è rinvenibile nel paese di destinazione sia per il commercio B2B, sia per il commercio B2C.

Come regola generale, a partire dal 2015 sono considerate effettuate in Italia:

- nel caso di operazioni B2B, le prestazioni di servizio rese, indipendentemente dal luogo in cui è stabilito il prestatore, ai clienti soggetti passivi stabiliti in Italia; l'imposta sarà assolta applicando un meccanismo contabile definito reverse charge;

- nel caso di operazioni B2C, le prestazioni di servizio rese tramite mezzi elettronici, quando il committente o venditore è domiciliato nel territorio dello Stato; l'imposta viene assolta con la nomina di un rappresentante fiscale in Italia o tramite MOSS.

Il MOSS o Mini One Stop Shop è un regime speciale e opzionale che permette al fornitore del servizio, comunitario o italiano, di evitare di registrarsi in ogni Stato membro del consumo. Infatti, nell'ambito di questo regime, un soggetto passivo registrato al MOSS in uno Stato membro trasmette le dichiarazioni IVA trimestrali in cui fornisce le informazioni sui servizi elettronici che ha effettuato a persone che non sono soggetti passivi IVA, ma consumatori finali, e versa l'IVA dovuta.

Le dichiarazioni e l'IVA versata vengono trasmesse dallo Stato membro di identificazione ai rispettivi Stati membri di consumo mediante una rete di comunicazioni. Questo particolare regime non può essere utilizzato per le transazioni di commercio elettronico indiretto verso clienti che non siano consumatori finali, e quindi soggettivi passivi IVA, transazioni definite B2B. Per aderire a questo regime, i soggetti dell'UE devono registrarsi tramite il portale nazionale. L'identificazione avviene con la partita IVA già in possesso. Per l'Italia, la richiesta deve essere fatta online mediante procedura disponibile sul portale dell'Agenzia delle Entrate.

I principali adempimenti per chi si trova nel regime MOSS sono:

- comunicazione di adesione al regime;

- presentazione delle dichiarazioni IVA trimestrali;

- versamento dell'IVA;

- richiesta rimborso IVA;

- oneri documentali.

Va fatta una precisazione: se un soggetto italiano aderente al MOSS fa prestazioni di e-commerce dirette a un altro soggetto italiano, dovrà applicare le regole generali di dichiarazione previste dall'IVA in Italia. Inoltre, è previsto, sempre dal 1 gennaio 2015, che siano esonerate dall'obbligo di emissione di fattura le transazioni di e-commerce dirette a consumatori finali.

In conclusione, per quanto riguarda le aliquote IVA, per l'e-commerce diretto si utilizzeranno quelle di tipo ordinario, mentre per l'e-commerce indiretto bisognerà riferirsi all'aliquota ordinaria o ad aliquote ridotte in base al bene oggetto della cessione.

Nonostante la difficoltà dell'argomento che ho affrontato in questo capitolo, spero che, in linea generale, tu abbia le idee più chiare. Ovviamente l'ausilio di un consulente riuscirà a darti dettagli più esaustivi anche in base a quella che sarà la tua futura attività. Non scoraggiarti se pensi di non aver compreso tutto. Non è necessario che tu conosca tutta la normativa europea delle imposte indirette; vedrai che, quando andrai a creare il tuo business, approfondirai solo ciò che ti è necessario.

Nel prossimo capitolo ti illustrerò le principali novità in vigore dal 2019 e quelle già previste che andranno in vigore negli anni successivi. Regina delle novità del 2019 è la fatturazione elettronica, che ha radicalmente modificato la realtà commerciale di tutti gli operatori IVA. Ma, prima di passare al prossimo capitolo, voglio ricordarti che se questo libro deve aiutarti a comprendere meglio la normativa sul commercio elettronico, il suo fine ultimo è quello di rendere possibile il tuo sogno di diventare imprenditore.

Non pensare che sia impossibile! Sono qui per aiutarti a realizzare il tuo sogno.

Capitolo 6:
Come emettere le fatture in maniera corretta

Premesso che, una volta che la tua azienda è nata e ha iniziato a operare, cioè a fatturare, probabilmente ti sarai anche munito di un consulente fiscale, alcune informazioni dovrai necessariamente conoscerle e alcuni adempimenti dovrai necessariamente svolgerli in autonomia. Quindi è importante che tu conosca la nuova normativa relativa alla fatturazione elettronica.

Le caratteristiche proprie del commercio elettronico, che ti ho fin qui spiegato, sollevano numerosi problemi anche in merito agli obblighi di documentazione dei corrispettivi, dal momento che le regole di IVA poco si adattano alle transazioni online.

Come ti avevo già anticipato sul finire del capitolo precedente, la fatturazione elettronica, tipica del commercio elettronico, con l'approvazione della finanziaria 2018 è stata estesa, a partire dal 2019, anche alle forme di commercio tradizionale, cambiando tutto il panorama della fatturazione e degli adempimenti da svolgere. Ma procediamo per gradi dedicandoci in questo capitolo alle novità che sono state introdotte dal 2019 proprio nel commercio elettronico.

La Direttiva UE n. 2455/2017, del 5 dicembre 2017, prevede l'introduzione di importanti novità in materia di commercio elettronico sia diretto sia indiretto. Tali novità prevedevano l'entrata in vigore di una parte delle norme nel 2019 e dell'altra nel 2021. Funzionale alla trattazione dell'argomento è comprendere in cosa consiste il regime del MOSS.

Si tratta di un regime di tassazione opzionale introdotto come misura di semplificazione connessa alla modifica del luogo di tassazione IVA applicabile alle prestazioni TTE e ai servizi elettronici B2C. In base alle regole europee, infatti, la tassazione ai fini IVA di tali operazioni avviene nello Stato membro del consumatore finale (Stato membro di consumo) e non in quello del prestatore (Stato membro di identificazione).

Il MOSS, dunque, evita al fornitore di identificarsi (tramite rappresentante fiscale, ovvero identificazione diretta IVA) presso ogni Stato membro di consumo per effettuare gli adempimenti richiesti (dichiarazioni e versamento). In pratica, optando per il MOSS, il soggetto passivo trasmette telematicamente, attraverso l'apposito portale elettronico, le dichiarazioni IVA trimestrali ed effettua i versamenti esclusivamente nel proprio Stato membro di identificazione, limitatamente alle operazioni rese a consumatori finali residenti o domiciliati in altri stati membri di consumo.

Le dichiarazioni trimestrali e l'IVA versata acquisite dallo Stato membro di identificazione sono trasmesse ai rispettivi Stati membri di consumo mediante una rete di comunicazioni sicura. Quindi, se la tua futura impresa venderà in molti stati UE, sarà anche a te necessario inscriverti al MOSS.

Un soggetto passivo che sceglie di avvalersi del MOSS deve registrarsi nello Stato membro di identificazione. *Lo Stato membro di identificazione* nel regime UE, valido per i soggetti residenti nell'UE o extra UE con stabili organizzazioni in UE, *è lo Stato in cui il soggetto passivo ha fissato la sede della propria attività economica.* Se un soggetto passivo non ha fissato la sede della propria attività economica nell'UE, lo Stato membro di identificazione sarà quello in cui dispone di una stabile organizzazione.

I soggetti passivi che dispongono di più stabili organizzazioni nell'UE *hanno la facoltà di scegliere lo Stato membro di una delle stabili organizzazioni come proprio Stato membro di identificazione ai fini del MOSS.* In tal caso, la scelta non può essere revocata prima del termine del secondo anno successivo a quello di esercizio.

Nel regime non UE, valido per i soggetti passivi extra UE senza stabili organizzazioni in UE, *il prestatore può scegliere qualunque Stato membro come Stato membro di identificazione. Il soggetto passivo può avere solo uno Stato membro di identificazione che, nel caso di soggetto in regime non UE, potrà coincidere anche con lo Stato membro di consumo.*

Commercio elettronico diretto e indiretto: le definizioni che devi ricordare

A seconda della tipologia di beni/servizi ceduti elettronicamente e della modalità di consegna degli stessi, il commercio elettronico si suddivide in due distinte tipologie: *commercio elettronico diretto* e *commercio elettronico indiretto*. Nel primo, tutte le fasi della transazione avvengono online (ordine, pagamento, consegna). Si tratta di cessione di beni cosiddetti digitali (software, filmati, musica, servizi di biglietteria, intrattenimento, banking, assicurazione, informativi, legali ecc.). Tale tipologia di commercio elettronico è definita con il termine di "e-commerce".

Nel commercio elettronico indiretto, l'ordine, ed eventualmente anche il pagamento, sono effettuati online, ma il bene viene poi fisicamente spedito al domicilio dell'acquirente. C'è una certa analogia con la cosiddetta "vendita per corrispondenza", ma la forma elettronica permette di espandere i canali e le vendite. La distinzione tra beni e servizi riveste un ruolo fondamentale ai fini del corretto trattamento fiscale/contabile delle cessioni poste in essere nel commercio elettronico.

Le novità del 2019 in sintesi

In merito al commercio elettronico diretto, ti presento le principali novità in vigore dal 1 gennaio 2019. *Fino al limite annuo di euro 10.000,* i prestatori di servizi elettronici a privati consumatori di altri paesi UE possono applicare l'IVA del paese ove risultano stabiliti e non quella di consumo (ovvero quella del luogo ove risulta residente il committente privato). Rimane comunque ferma la possibilità di applicare l'IVA, per opzione, nel paese di consumo.

Qualora il prestatore di commercio elettronico diretto opti per il regime amministrativo agevolato del MOSS, dovrà applicare le regole di fatturazione del proprio paese di stabilimento e non quelle del paese di consumo. Il regime del MOSS potrà essere utilizzato anche dai soggetti passivi d'imposta extra UE pure se gli stessi risultino identificati in uno o più paesi UE.

Con riferimento al commercio elettronico indiretto, *dal 1 gennaio 2021*, entreranno in vigore le seguenti novità: modifica integrale del regime IVA sulle vendite a distanza nei confronti di privati consumatori della UE, quindi, nei rapporti B2C; possibilità di utilizzo del MOSS anche per il commercio elettronico indiretto oltre a quello diretto (regime già previsto, dal 2015, unicamente per il commercio elettronico diretto); eliminazione della franchigia IVA sulle importazioni di beni oggetto di commercio elettronico indiretto e introduzione nuovo regime IVA di importazione;

introduzione della responsabilità IVA dei marketplace su importazioni di beni oggetto di commercio elettronico.

Commercio elettronico diretto (rapporti B2C): novità dal 1 gennaio 2019

Come già ti avevo anticipato, con effetto dal 1 gennaio 2019, sono state introdotte nel sistema IVA alcune novità in tema di commercio elettronico diretto nei rapporti B2C. Innanzi tutto una soglia annua a livello comunitario pari a euro 10.000 (valore totale al netto dell'IVA), al di sotto della quale le operazioni di commercio elettronico diretto rese a privati consumatori di altri paesi della UE (quindi, unicamente operazioni B2C) rimangono imponibili ai fini dell'IVA nello Stato membro di stabilimento del prestatore (e non, come avviene dal 1 gennaio 2015, nel paese ove è residente ovvero domiciliato il committente privato). Se nel corso di un anno civile la citata soglia di euro 10.000 (valore totale al netto dell'IVA) viene superata, si applica, a partire da tale data, l'ordinario criterio impositivo basato sul luogo di residenza del privato consumatore. Rimane comunque ferma la possibilità di optare per la tassazione a destinazione, come già avviene dal 2015.

Le operazioni di commercio elettronico diretto, per le quali il prestatore abbia optato per il MOSS, dovranno seguire le regole di fatturazione previste nello Stato membro di identificazione del prestatore che si sia avvalso di tale opzione (e non, come avviene dal 1 gennaio 2015, applicando le regole di fatturazione del paese ove è domiciliato/residente il privato consumatore; quindi, dove si considera territorialmente rilevante ai fini IVA).

Quindi il *commercio elettronico diretto nei rapporti B2C*, in Italia, dal 1 gennaio 2015 *non è soggetto all'obbligo di emissione della fattura* (se non richiesta dal cliente non oltre il momento di effettuazione della stessa). Inoltre, vi è anche l'esonero dall'obbligo di rilasciare scontrini o ricevute fiscali (artt. 22, comma 6-ter, del DPR n. 633/1972. DLgs. n. 42/2015 e DM 27 ottobre 2015).

I corrispettivi giornalieri devono però essere registrati all'interno del registro dei corrispettivi di cui all'art. 24 del DPR n. 633/1972. L'esclusione dall'obbligo di certificazione delle vendite online di servizi digitali a privati consumatori (o assimilati) italiani è quindi una facoltà, e nulla vieta ai cedenti soggetti passivi IVA di emettere regolare fattura con tenuta dei registri IVA delle vendite ordinari (di cui all'art. 23 del D.P.R. n. 633/1972 - RM 20 gennaio 1994, n. 2615).

Pertanto, dal 1 gennaio 2019, le operazioni di commercio elettronico diretto effettuate da un soggetto italiano nei confronti di privati consumatori sia italiani sia comunitari, se l'operatore ha optato per il regime del MOSS, non sono certificate né da scontrini, né da ricevute fiscali, né da fatture (se non richieste dai clienti), sempre che i corrispettivi giornalieri siano registrati nell'apposito registro dei corrispettivi di cui al citato art. 24 del DPR n. 633/1972. I soggetti passivi d'imposta extra UE possono avvalersi del MOSS anche se gli stessi risultano identificati ai fini IVA in uno o più paesi della UE, fermo restando il vincolo dell'assenza di stabilimento.

Le novità che sono state introdotte dal 1 gennaio 2019 non riguardano i rapporti B2B (quindi fra soggetti passivi IVA). Infatti, per le operazioni di commercio elettronico diretto effettuate fra soggetti passivi IVA, ai fini della territorialità IVA, valgono le regole attualmente in uso. Quindi, le operazioni di commercio elettronico diretto nei rapporti B2B sono (dal 1 gennaio 2019) territorialmente rilevanti ai fini IVA nel paese ove è "stabilito" ai fini IVA il committente soggetto passivo IVA.

Commercio elettronico indiretto: novità e disciplina ai fini IVA

In tema di commercio elettronico indiretto, la Direttiva n. 2455/2017, con effetto dal 1 gennaio 2021, stabilisce alcune novità (fermo restando che si dovranno attendere il recepimento nell'ordinamento nazionale, nonché tutti i chiarimenti e gli aspetti operativi del caso).

In via generale, a decorrere dal 2021, le operazioni di commercio elettronico indiretto, nei rapporti B2C, saranno territorialmente rilevanti ai fini IVA nel paese UE di destinazione dei beni (quindi non si applicherà più la disciplina delle vendite a distanza per le quali sono previste determinate soglie e ne consegue che vi sarà l'eliminazione di tali soglie, da euro 35.000 a euro 100.000); fino alla soglia annua di vendite pari a euro 10.000 (valore totale al netto dell'IVA) si applicherà, invece, l'IVA del paese ove è stabilito il cedente soggetto passivo IVA.

Se nel corso di un anno civile la citata soglia di euro 10.000 (valore totale al netto dell'IVA) viene superata, si applica, a partire da tale data, l'ordinario criterio impositivo basato sul luogo di destino dei beni; i cedenti soggetti passivi IVA potranno comunque optare per il MOSS, così come avviene per il commercio elettronico diretto. Dal 2021 vi sarà la rimozione dell'attuale franchigia IVA sulle importazioni di modico valore (pari a 22 euro); contestualmente vi sarà l'introduzione di un nuovo regime IVA per le importazioni di prodotti da territori extra UE, con valore intrinseco inferiore, ovvero uguale, a euro 150. Il momento impositivo IVA coinciderà, con la data del pagamento online.

Le spedizioni con prodotti di valore inferiore ovvero uguale a euro 150 non saranno più soggette a prelievo IVA in dogana. Conseguentemente, il cedente extra UE, dovrà munirsi di partita IVA UE e dovrà dichiarare e versare periodicamente l'IVA dovuta su tali importazioni e applicarla al momento della vendita online.

Commercio elettronico indiretto: rapporti B2C fino al 31 dicembre 2020

Fino al 2020 il commercio elettronico indiretto effettuato nei confronti di privati consumatori comunitari, dal punto di vista IVA, andrà trattato alla stregua delle "vendite a distanza" (ovvero per corrispondenza).

Le vendite a distanza, ovvero per corrispondenza, devono avere dei requisiti. Innanzi tutto l'acquirente deve essere un privato consumatore, ovvero un soggetto assimilato (pensa, in quest'ultima ipotesi, a un professionista che effettua l'acquisto non nella sfera professionale ma in quella privata, quindi senza utilizzare la propria partita IVA, oppure un ente non commerciale).

Il trasporto presso il domicilio del cessionario privato deve avvenire direttamente a cura del cedente o di terzi per suo conto, indipendentemente dalle modalità con cui sono effettuate le cessioni, dunque non solo se realizzate per corrispondenza, su catalogo e simili (R.M. 31 marzo 2005, n. 39). *Fai attenzione*: tutto ciò evidenzia che la vendita a distanza nei rapporti con privati consumatori UE prevede, ai fini della territorialità IVA, delle regole "particolari" disciplinate dagli artt. 40 e 41 del D.L. n. 331/1993 che ti descriverò più avanti.

Vendite a distanza, ovvero per corrispondenza, nei confronti di soggetti privati italiani

Come ti ho detto precedentemente, in Italia le cessioni di beni mobili sono territorialmente rilevanti ai fini IVA nel caso in cui i beni, al momento della loro cessione, si trovino in Italia e sempre che si tratti (art. 7 bis comma 1 del DPR n. 633/1972) di beni mobili nazionali, ovvero nazionalizzati (ricorda che i beni mobili nazionali sono quelli prodotti in Italia, mentre i beni mobili nazionalizzati sono quelli importati definitivamente in Italia con pagamento di dazi e IVA), "comunitari" vincolati al regime della temporanea importazione.

Operativamente, nella generalità dei casi, le cessioni nazionali di beni, che rientrano nelle vendite a distanza, effettuate da un soggetto passivo IVA "stabilito" in Italia nei confronti di un privato italiano con consegna dei beni in Italia sono sempre rilevanti ai fini IVA in Italia in quanto trattasi di beni mobili nazionali ovvero nazionalizzati.

Le medesime considerazioni valgono, ancorché operativamente la casistica sia poco frequente, nel caso in cui il privato consumatore (o assimilato) sia residente in altro paese della UE diverso dall'Italia e la cessione del bene avvenga in Italia.

Vendite a distanza ovvero per corrispondenza nei confronti di soggetti privati extra UE

Qualora la vendita a distanza del bene abbia come destinazione un paese extra UE (conseguentemente privato consumatore extra UE) tornano applicabili le disposizioni previste in caso di esportazione disciplinate dall'art. 8 del DPR n. 633/1972.

Attenzione, nella generalità dei casi si tratta di esportazioni dirette (di cui all'art. 8, comma 1, lett. a, DPR n. 633/1972), in quanto la consegna al privato extra UE viene effettuata direttamente dal cedente soggetto passivo IVA italiano che, per la consegna, si avvarrà di corrieri, spedizionieri ovvero delle Poste che consegneranno i beni direttamente nel paese extra UE.

In base all'art. 8, comma 1, lett. a) del DPR n. 633/1972, le esportazioni dirette sono operazioni non imponibili, sempre che sia provata la fuoriuscita del bene dal territorio della UE. La dottrina ormai prevalente sembra richiedere l'emissione della fattura per tale casistica ancorché non obbligatoria stante il fatto che trattasi di vendite per corrispondenza. Pertanto, da un punto di vista operativo, nel caso in cui i beni siano destinati a essere esportati, risulta opportuno non avvalersi dell'esonero previsto dall'obbligo di fatturazione dato che la fattura è richiesta in dogana ai fini del vincolo dei beni all'operazione di esportazione. Dovrebbe, quindi, essere emessa la fattura con dicitura "operazione non imponibile" ai sensi dell'art. 8 del DPR n. 633/1972.

Hai letto questo capitolo tutto di un fiato? Immagino che ora nella tua mente stiano girando vorticosamente tutte le informazioni che hai recepito dalla lettura di tutti i capitoli. Fin qui hai avuto modo di leggere e studiare la normativa fiscale diretta e indiretta sul commercio elettronico. Nelle pagine che seguono voglio presentarti le ulteriori normative applicabili alla tua azienda.

Non si tratta sicuramente di norme principali come le imposte e neanche procedure come la fatturazione elettronica, si tratta di normative direi "secondarie", o meglio, di applicazione una tantum che non ricadono ogni giorno nella tua attività.

Capitolo 7:
Come lanciare il tuo business senza errori

Contratto/privacy

A prima vista creare il tuo business online può sembrare semplice, e in effetti lo è, ma devi essere consapevole che creare un'impresa può sempre comportare rischi e insidie che è necessario prevedere il più possibile, come ad esempio la tutela della privacy, la conclusione del contratto in internet e la tutela del consumatore.

In questo capitolo vorrei fare chiarezza su alcune problematiche e aspetti giuridici che non devi mai dimenticare, per evitare di commettere errori e passi falsi o semplicemente per non trovarti impreparato sotto l'aspetto legale. È necessario che tu tenga sempre a mente che l'e-commerce non è altro che un vero e proprio modo di stare sul mercato, e che pertanto impone di conoscere il diritto, le categorie dei contratti e soprattutto di salvaguardare il consumatore che, nel commercio elettronico, non è più un soggetto passivo ma attivo.

Tutela del consumatore

L'e-commerce è il più ampio settore della tutela del consumatore, pertanto è opportuno conoscere come la tutela del consumatore si sia evoluta dalle forme tradizionali a quelle più recenti. È inoltre opportuno, quando svolgerai la tua attività di commercio elettronico, verificare se stai ampliando i tuoi confini territoriali e anche la possibilità di estenderti a nuovi mercati.

Operando in più paesi, e nonostante l'Europa venga considerata un unico mercato, va sempre ricordato che gli Stati membri hanno recepito e rielaborato le norme in modo diverso. Pertanto il primo problema che dovrai affrontare è la normativa sulla tutela del consumatore. Senza dilungarsi sulle diverse normative che si sono succedute in questo ambito, possiamo dire che, dal 1973, il Consiglio d'Europa ha approvato la prima Carta Europea di Protezione dei Consumatori che sancisce una serie di diritti fondamentali inviolabili.

Questa Carta è stata modificata nel corso degli anni. Ad esempio, nel trattato di Maastricht del 1992, si dedica una parte specifica proprio alla tutela del consumatore, innalzando ancora di più il livello di protezione. Il documento che tuttavia costituisce il vero e autentico punto di riferimento essenziale per tutti i soggetti che operano nel contesto comunitario è la Carta europea dei diritti fondamentali del 18 dicembre 2000.

Come già accennato, nei diversi paesi membri il recepimento di quanto stabilito a livello europeo viene a effettuarsi in modo diverso e con diversi ritardi. L'Italia, prima delle direttive comunitarie, non faceva alcun riferimento, nella Costituzione, al consumatore. È solo nel 2005 che viene regolamentato il *Codice del consumo*, con lo scopo di armonizzare tutte le diverse leggi sulla tutela del consumatore, ufficializzando quattro principi fondamentali di cui uno in particolare ha molta importanza nel nostro caso: la regolamentazione dei contratti a distanza. Ma, come sai, il nostro ordinamento è stato per molti anni lacunoso e ostico in quanto solo nel 2014 ha armonizzato la normativa in tema di contratti a distanza.

Lo scopo della Direttiva 2000/31/CE, considerata al momento la più importante carta operativa, era mettere l'Europa in rete cercando di snellire il più possibile tutte le norme precedenti e rendendo il tutto più semplice. La direttiva prevedeva l'applicazione della legislazione dello Stato dove è stabilito il prestatore; quindi, se iniziavi il tuo commercio elettronico in Italia con sito e distribuzione di servizi o beni, la legislazione a cui ti dovevi attenere era quella italiana, poiché la direttiva CE prevedeva che la sede dell'attività economica a tempo indeterminato fosse il luogo dove operava il prestatore mediante un'installazione stabile.

Passando velocemente ai tempi di oggi, è il nuovo Regolamento europeo in materia di protezione dei dati personali (General Data Protection Regulation, in breve GDPR) la normativa di riferimento applicabile a decorrere dal 25 maggio 2018. Le principali novità riguardano:

1. I diritti dell'interessato, ovvero dell'utente che naviga all'interno di un sito web o acquista online. Con l'introduzione della portabilità dei dati, l'interessato ha il diritto di ricevere i suoi dati personali e di trasmetterli ad altro titolare del trattamento (per titolare del trattamento s'intende la persona fisica o giuridica che determina le finalità e i mezzi del trattamento dei dati personali). Poi c'è un'altra novità che ha acceso la curiosità di molti utenti, ovvero il diritto all'oblio. In

questo caso, l'interessato ha il diritto di ottenere dal titolare del trattamento la cancellazione di tutti i propri dati anche online.

2. Le altre novità interessanti per l'e-commerce riguardano le regole sulla profilazione, che entrano in gioco quando si utilizzano i dati dei clienti non solo per evadere i loro ordini, ma per fini pubblicitari e di marketing. In questo caso il Regolamento UE prevede un consenso espresso da parte dell'utente per ogni attività di profilazione effettuata.

3. Il trattamento dei dati personali. Chi ha un sito web, quindi anche un e-commerce, deve preoccuparsi di inserire nell'Informativa sulla Privacy tutti i contenuti richiesti dal GDPR in aggiunta a quelli previsti dall'art 13 Codice Privacy.

4. L'introduzione dei nuovi principi pilastro del Regolamento UE: *Privacy by design* (il titolare del trattamento si impegna a proteggere i dati dell'utente fin dalla progettazione delle misure e dei sistemi del trattamento dei dati stessi); *Privacy by default* (il titolare del trattamento deve mettere in atto misure tecniche e organizzative che abbiano come impostazione predefinita la tutela dei dati personali in relazione alla quantità dei dati raccolti, alla portata del trattamento, al periodo di conservazione e all'accessibilità ai dati personali).

5. L'introduzione della figura del Data Protection Officer (DPO), il Data Breach che introduce le misure necessarie in caso di violazione dei dati personali e l'introduzione del nuovo principio dell'accountability o responsabilizzazione.

6. L'ambito di applicazione. Il Regolamento amplia l'ambito territoriale di applicazione comprendendo sia tutti i titolari del trattamento situati in un paese UE, sia coloro i quali siano situati in paesi extra UE ma che offrano servizi o prodotti a persone nel territorio europeo.

Detto questo, le parti che svolgono le transazioni sono 3:

- *Prestatore*: colui che svolge online un'attività di scambio di beni e servizi.

- *Provider*: colui che offre un servizio di accesso e connessione alla rete.

- *Consumatore*: colui che accede alla rete per acquistare beni e servizi o che riceve dalla rete servizi commerciali.

La norma quindi identifica il commercio elettronico come un'attività di scambio di beni e servizi ma anche un'attività di pubblicità, promozione e informazione a fini commerciali effettuata solamente online. L'attività di commercio elettronico è *libera*, non è soggetta ad alcuna autorizzazione preventiva. La libera circolazione di un servizio o di un bene può essere limitata solo dall'autorità giudiziaria, per motivi di sicurezza pubblica o difesa nazionale. L'operatore commerciale sul web deve rispondere dal punto di vista civile e penale all'autorità giudiziaria del paese in cui ha la stabile organizzazione.

Nel proseguo della lettura, dovrai porre l'attenzione sul fatto che nel commercio elettronico si concludono contratti giuridicamente rilevanti tra persone distanti tra loro, dove sia la proposta sia l'accettazione sono redatte su supporti informatici, inviate con metodi di trasmissione telematica e accessibili solamente utilizzando strumenti informatici.

Il contratto telematico

Il contratto che si realizza nel mondo virtuale come nel mondo reale è preceduto da una fase di trattativa, per poi passare a una fase intermedia e infine a quella di conclusione. Per fase info-precontrattuale si intende il complesso delle informazioni che l'imprenditore deve dare al consumatore, tramite la consegna di una nota o di un documento informativo. Le informazioni devono essere adeguate alla tecnica di comunicazione impiegata e devono essere espresse in modo chiaro e comprensibile.

L'informativa, quindi, deve contenere degli elementi specifici come:

- le caratteristiche del bene o servizio offerto in rete;
- la modalità di resa del bene e quindi del recesso;
- eventuali costi aggiuntivi per la resa del bene.

I siti di e-commerce devono indicare, in modo chiaro e leggibile, sin dall'inizio del processo di ordinazione, se si applicano restrizioni alla consegna e i mezzi di pagamento accettati.

I modi di conclusione del contratto telematico sono diversi, ma possiamo raggrupparli per semplicità in due grandi categorie: i contratti che prevedono un'accettazione da parte del consumatore o del contraente e i contratti cosiddetti "point and click".

I contratti che richiedono un'accettazione da parte del consumatore o contraente, sono tutti quelli che sono riferiti ad personam, ovvero a un determinato soggetto, di solito sono delle proposte che vengono inviate via mail e che il contraente o consumatore deve accettare, per poter concludere il contratto.

Ma la maggior parte degli imprenditori che opera sul mercato virtuale tende a utilizzare, come sistema di conclusione del contratto tipo, quello che consiste nell'offrire e pubblicizzare i prodotti a una vasta gamma di possibili contraenti o consumatori, cosiddetto ad incertam personam. Il contratto si conclude con un semplice click di acquisto del prodotto o servizio e l'immissione del numero della carta di credito. Questo contratto rientra in quelli che si definiscono con comportamento concludente e che sono disciplinati dall'art 1327 c.c.

A prescindere dalla tipologia utilizzata, un contratto si conclude sempre con la conoscenza dello stesso da parte del destinatario. È importante non sottovalutare mai il diritto di recesso. Dal punto di vista sia dell'imprenditore sia del consumatore, questo elemento diventa un punto fondamentale che può diventare, se non gestito adeguatamente, un'arma a doppio taglio.

Mi spiego meglio. Il consumatore deve avere la possibilità di esercitare il diritto di recesso, che rappresenta il suo massimo strumento di protezione. Pertanto, quando si vende un bene o si offre un servizio in un canale come quello digitale, bisogna garantire la possibilità di resa del bene nel caso risultasse danneggiato o non conforme a quanto scritto, con la contestuale restituzione dell'importo pagato. Per il servizio, il diritto di recesso varrà solo se il servizio non sia stato già erogato; in quel caso non si restituirà l'importo pagato ma si dovranno adottare dei mezzi più adatti.

Privacy e spamming

La tutela della privacy è un elemento importantissimo. L'obbligo di tutela dei dati personali su internet è salvaguardato da due direttive europee, l'art. 2 della Direttiva 95/46/CE e la specifica Direttiva 97/66/CE, che si applicano ogni qualvolta l'utente comunica i suoi dati personali su internet.

Un ulteriore aspetto è la comunicazione commerciale, ossia l'invio di comunicazioni pubblicitarie a scopo commerciale. Quante volte ti è capitato di collegarti a internet andando su un sito qualsiasi, per esempio uno di previsioni del tempo, e ritrovarti a chiudere pagine o stare attento a non cliccare per errore gli annunci pubblicitari che vengono a inserirsi nella pagina che stai consultando? Beh, in tutti questi casi deve essere assolutamente chiaro che si tratta di pubblicità, anche quando è solo via mail, le cosiddette spam. La normativa prevede che all'interno dell'inserzione deve risultare chiara la modalità di sottrazione da questo continuo accanimento pubblicitario.

La responsabilità dell'internet provider

Il provider è il soggetto che fornisce l'accesso ai vari servizi utili al venditore-prestatore per operare su internet e ha tre responsabilità principali:

- responsabilità nel semplice trasporto;
- responsabilità nell'attività di memorizzazione;
- responsabilità di memorizzazione di informazione.

Come accennato, il provider è quello che svolge online una prestazione di beni e servizi e che è sottoposto alle responsabilità che abbiamo citato sopra, indispensabili per poter agire in modo corretto per non recare danno a chi utilizzerà il servizio. Nel semplice trasporto di informazioni, o nella semplice possibilità di accedere alla rete di comunicazione, il prestatore non ha alcuna responsabilità a meno che non abbia dato origine alla trasmissione di informazione.

Nell'attività di memorizzazione, il prestatore non ha responsabilità se le informazioni che vengono memorizzate automaticamente vengono cancellate dopo un periodo di tempo. Sto parlando del cosiddetto caching, che ha lo scopo di salvare per un periodo limitato alcune informazioni per poter ricordare le preferenze dell'utente; è importante che questa memorizzazione sia temporanea e che dopo un determinato tempo vengano cancellate.

La terza e ultima responsabilità è l'hosting, ossia la memorizzazione di informazioni fornite da un utente mettendo a disposizione uno spazio nel proprio server con relativi servizi. In questo caso l'hosting provider risponde anche penalmente degli illeciti che vengono commessi da chi utilizza il suo server se, una volta venuto a conoscenza dell'illeceità dell'utilizzo, non fa espressa comunicazione all'autorità giudiziaria.

Se vorrai, potrai in ogni momento approfondire autonomamente queste ultime normative che, per la loro peculiarità, sono in continua evoluzione. Certo, a questo punto ti potrebbe venire voglia di buttare il testo o di abbandonare la lettura perché hai trovato questo ultimo capitolo pieno di insidie.

Devi sapere, però, che per quanto determinati argomenti siano tediosi è utile che tu conosca un minimo, seppur in maniera semplicistica, queste nozioni in tema di tutela del consumatore, privacy e responsabilità del provider. Ti serviranno a garantirti una protezione e una maggiore competenza nell'utilizzo di internet che, anche se all'apparenza può sembrare semplice, in realtà nasconde insidie e trappole.

È importante che tu sappia che, pur avendo affrontato, in queste ultime normative, un tema che è più di carattere giuridico, non voglio in nessun modo sostituirmi a un legale che sicuramente ti saprà, nel caso, consigliare nel modo più adeguato.

Come ho sostenuto in quasi ogni pagina, con questo testo non voglio assolutamente pretendere che tu ora abbia una conoscenza totale della materia, ma sicuramente sarai più informato e consapevole di prima e potrai meglio farti coadiuvare da consulenti preparati.

Conclusione

Il motivo per cui ho scritto questo libro è aiutare te, e tante persone come te, a realizzare un sogno. Aiutarti a cambiare definitivamente la tua vita! A renderti indipendente, a diventare imprenditore. E da queste pagine puoi capire cosa devi fare per diventare imprenditore facendo commercio online.

Procedendo nella lettura, dopo aver compreso cosa si intende per e-commerce, lo step successivo è focalizzare la tua idea imprenditoriale, nel senso di iniziare a scriverla, a descriverla facendo in modo di visualizzarla. Questa attività è molto importante, perché è proprio in questo momento che inizia la trasformazione del tuo sogno in un'idea alla quale devi trovare sviluppi commerciali.

Una volta che la hai ben "viva" dentro la tua testa, inizia con l'analizzare come costruirla. Per esempio, vorrai organizzarti come società o come ditta individuale? Valuta i pro e i contro e poi decidi, sapendo comunque che non sono quasi mai scelte irreversibili. Una ditta individuale, nel tempo, potrai in ogni momento trasformarla in società.

Oppure potrai comprendere preventivamente il tuo mercato di riferimento, analizzarlo per capire che possibilità di crescita ci sono e valutare eventuali nicchie di mercato da poter sfruttare. Sono solo degli esempi per aiutarti a sviluppare bene tutte le possibilità della tua idea.

Poi ci sono i capitoli sulla fiscalità, che ti saranno di grande aiuto per conoscere le normative con cui la tua impresa si dovrà confrontare. Insomma, in questo libro potrai trovare tante risposte ai dubbi che ti verranno mentre starai costruendo la tua impresa.

Allora, ti senti pronto per passare dal sogno alla realtà? Sei pronto a iniziare la tua nuova attività? Se hai un'idea, non aspettare. Tutto quello che imparerai attraverso la lettura di questo libro ti aiuterà a mettere in pratica quello che avevi solo in testa. Cambierai definitivamente il tuo futuro.

Gli argomenti contenuti nel libro che hai avuto modo di studiare sono una guida pratica che farà di te un imprenditore. Posso capire che tu sia preoccupato; a me capita ogni volta che devo intraprendere una nuova sfida; temere ciò che non si conosce è normale. Ma ciò che non si conosce può essere conosciuto.

Tutto quello che ti serve per intraprendere la tua nuova attività online è contenuto nelle pagine di questo libro. Ecco il motivo per cui ho deciso di scriverlo e chiedere a Giacomo Bruno di pubblicarlo, per aiutare te a tanti altri a realizzare il proprio sogno, a diventare imprenditori e a trasformare il proprio futuro.

Se hai trovato utili gli argomenti trattati nel libro e hai piacere di entrare in contatto con me puoi trovarmi su:

***

Studio dott. Gianluca Laconi via Nizza 53 – 00199 Roma

tel. 068415178 – 0685300710

e-mail: gianlucalaconi@studiolaconi.it

sito web: http://studiolaconi.it/

Facebook: https://www.facebook.com/studiolaconi/